반달이 돌아왔다

배두순 시집

문학의전당 시인선
244

반달이 돌아왔다

배두순 시집

문학의전당

시인의 말

시인이란 칭호가 무색해지는 줄도 모르고
한동안 기자명함을 따라 다녔다.

현장마다 꼭꼭 숨어 있던 시
그런 시를 잡아낼 때는 즐겁고도 뿌듯했다.

어느덧 시가 나의 버팀목이 되고 있다.

시 안에서 비로소 행복하고 자유로울 수 있는
나의 맹목에 감사한다.

언제나 나를 기다려주는 시
시야, 사랑한다.

2017년 1월
배두순

차례

제2부

제3부

제4부

제1부

호두

호두알을 굴려본다
달그락 달그락
서로의 몸을 들여다보는 호두 두 알
멀미인 듯 내부의 신음 소리도 들린다
기억의 뇌리가 돌돌 말려 있는
둥근 내색을 살펴보며 나무의 과거를 굴린다
여름 한때 푸르고 야심만만하던 꿈의 무게는
어느새 샅샅이 발려지고
호두를 따던 노인의 회상이
움푹 파인 볼우물 속에 웅크리고 있다
나의 회상들도 단단하게 굳어버린
호두의 뇌리 속에 머뭇거리고 있는 것일까
가을은 깊고 닳아 없어져야 될 추억들은 많다
아귀가 맞지 않는 추억과 추억을 대질심문 하듯
호두알을 굴려본다
손바닥 안의 운명선이 먼저 헝클어지고
나는 아직 세상의 주름진 내막을 익히지 못한 채
진땀을 흘리며 호두알이나 굴리고 있다

연을 올리다

겨우내 묵은 게으름을 날리듯
바람 잘 뜨는 날을 골라 아이들이 연을 띄운다
가오리 몇 마리에 해맑은 시선이 모아지고
출렁거리는 지느러미로 겨울 한때의 동심이
미끄러지듯 뒤따른다
나도 같이 연을 올린다
겨울이 벗겨지는 하늘 속으로
지난밤의 꿈을 띄워 올린다
계절의 공백을 덜어내며
수수께끼 같은 한지를 얇게 저미고 실을 매달아
허공의 아랫목까지 띄워 올린다
연을 올리는 일은 내 안의 얼레를 풀어내는 일
내 안에 엉켜 있던 실타래를 뽑아내기까지
나는 몇 번이나 하늘을 우러러 보았던가
몇 번이나 바람을 불러보았던가
세상의 모든 바람이 명치끝을 통과하지 않고서는
온전한 세월이 될 수 없는 법
종일 길들지 않은 바람을 캐낸다

노을이 물드는 황혼이 아궁이 속의 이야기처럼
따스해질 무렵에서야 연을 내린다
공중을 떠돌던 마음 하나를 내린다

어느 석공의 길

꼭 한번 그렇게 웃고 싶었을 것이다
꼭 한번,
그렇게 웃음의 석층을 드러내고 싶었을 것이다
단 한 번의 돈오가 망치를 들어 돌의 허상을 깨고서
평속한 웃음 하나에 귀의할 때까지
고뇌의 안쪽을 더듬었을 것이다
그건 어쩌면 마애삼존이
한 사내의 업을 벗겨내기 위해
망치 끝에
또 하나의 미소를 숨겨둔 것인지도 모른다

돌을 허물어본 사람만이 저 웃음의 깊이에 닿을까
망치를 내리칠 때마다
다가섰다 물러서는 골짜기로
제 몸이 돌가루가 되어 바람을 부를 때까지
서산을 흔들었을 한 사내의 망치 소리를 듣는다
어떤 마음을 깨고 두드려야
온전한 웃음 하나를 얻을 수 있을까

마애삼존 앞에서
이름 없는 석공이 벗겨낸 돌의 미소
그 미소를 헤아려본다

떡살

앙금도 없는 것이, 고물도 없는 것이
생김새도 그저 그런 것이 떡 중의 으뜸자리에
올라앉는 것은 무슨 연유일까
이름도 편 중의 걸작, 절편이라니……

시제상을 물리며 절편 몇 줄을 들여다본다
줄을 이어 펼쳐지는 떡살 세상
아름다운 꽃들, 하늘의 별과 구름까지
지상의 만물들이 오롯이 들어 있다
세상의 편들이 변덕 심한 색깔이나
가벼운 미각을 따라나서는 사이
하얀 지조 하나 움켜쥐고
천태만상을 고스란히 담아내고 있다
돌배나무가 찍어내는 화사한 배꽃무늬
대추나무가 박아내는 별빛과 달빛
모닥모닥 피어나는 구름송이는 박달나무가
모란꽃 붉은 향기는 참나무가 화인(火印)처럼 눌렀다
산과 강, 들판을 품고

음양의 이치를 일러주는 빗살무늬, 석쇠무늬는
소나무와 감나무가 맡고 있다
밋밋한 떡 위에서 살갑게 다가오는 한세상
자연의 품위와 예절을 지닌 것들만이
나무의 허리를 빌려 지문처럼 박혀드는 것이다
이러한 절편을 먹고서도
나무의 정신을 헤아리지 못할 량이면
절편, 함부로 베지 마시라

억새

흰 머리칼 휘날리며
구름을 뚫고 곧 비상할 기세다
오로지 하늘을 오르기 위해 폭풍우를 견디며
심신을 단련하던 으악새* 무리들
나고 자란 땅을 떠나기가 쉽지 않은 듯
완벽한 준비자세 그대로
으악으악 훈령의 노래로 산언덕을 장악하고 있다
하사받은 칼로 신의 검법까지 전수받았으나
칼의 노래만 불렀을 뿐
무엇 하나 베지 않는
저 착하고 순한 새들에게
칼을 내려준 하늘의 속셈을 알 수가 없다
산다는 것은 울음과 웃음의 교차로를 건너는 일
어떤 날은 흐느끼며
어떤 날은 노래하며
백발이 성성할 때까지 굳게 지킨 산언덕
백색 달빛이 아우르니 어떤 색(色)도 끼어들지 못한다

금방이라도 날아갈 것 같은 으악새 무리들

한꺼번에 승천해 버리면

민둥민둥 산언덕을 밟아올 아침 태양

붉은 눈 휘둥그레 돌아갈까 두렵다

---

*억새의 방언.

공원의 벤치

내가 입이 무겁다고
사람들은 곧잘 비밀을 털어놓는다
은밀한 사랑의 약속과
내밀한 불륜의 시간까지 귀띔해주었지만
나는 한 번도 발설한 적이 없다
화를 다스리지 못한 분노에게
소주 한 잔 권하다가
무릎을 걷어차일 때도 있었지만
입이 무거운 나는 비명 한번 지르지 않았다
오수에 빠진 백수에게는
두 다리 쭉 뻗고 잘 자라 등도 빌려주었다
늦은 밤 탕아들의 가래침을 받아내다
담뱃불에 팔을 덴 적도 있다
좋은 날도 더러 있다
가출소녀를 껴안고
희망의 아침을 맞이한 적도 있다
팔다리가 몹시 저렸지만 참아내길 잘했다
내 품에서 뒹구는 아이들의 체온이

온몸으로 전해질 때면
나도 사람으로 환생한 줄 알았다
가끔은 고성방가에 잠 못 이룰 때가 있고
새가 이마에 똥을 누고 갈 때도 있는데
나는 불평 한마디 한 적이 없다
혹자는 이러한 나를 공원의 성자라 부른다

그리 생각하느냐?

옻나무

나는 독(毒)을 지닌 채 살아간다

푸른 그늘과 꽃 이삭을 만들어
여름 새들의 쉼터로 먹이도 내어주고
가을엔 붉게 타오르는
순정의 가슴을 열어보여도
나를 피해 가는 사람 많다
내가 지닌 독 때문이라고 한다
그럴 때는 좀 슬프다
우람한 목재의 반열에 오를 수 있는데도
새순을 잘라먹고 껍질을 벗겨
식용으로 약용으로 도료로 활용하면서도
나를 경계하는 사람 많다
그럴 때는 많이 슬프다
그렇다고 땅을 치며 통곡하지는 않는다
따뜻하고도 매콤한 나의 본성을 살려
고질병도 고쳐주며
한세상 살아가는 큰 보람으로 삼는다

미처 여물지 못한 나의 살갗을 도려내고
진액을 뽑아가는 사람들에게
나를 내어주는 기쁨이
큰 기쁨임을 터득하고 있기 때문이다
독(毒)이 있어 오히려 대접받는 나는
기꺼이 그렇게 살아갈 뿐

족발과 하이힐

돼지족발을 먹는데
왜 자꾸 하이힐이 연상되는 걸까
뾰족구두를 신고 뒤뚱거리던
육중한 여자의 걸음걸이도 클로즈업 된다
무거운 몸을 떠받들고 섬기던 하이힐
미소 어린 머리와 몸통을 잃어버린 헐한 목숨
존재의 마지막을 맛으로 보시하고 있다
짤막한 다리로 건너왔을 축생의 길
아무런 생각 없이 먹고 자기만 했을까
생각 없이 먹고 생각 없이 자는 일이 많은 요즈음,
거울 속에서 자주 돼지를 만난다
서서히 벗겨지는 겨울 창밖을 외면한 채
외출을 벗고 하이힐을 벗고
은둔의 날들 속에서 무기력을 앓는다
돼지 뒷발굽처럼 어긋나기만 하는
빈번한 오류의 뒤틀림을 감내하지 못한다
뾰족한 혜안도 없는 오후
족발을 뜯으며

한 겹 두 겹 생의 껍질이나 벗겨보는데
밀쳐두었던 하이힐이 또각또각 걸어 나간다

두더지

묵정밭이 들썩거린다
땅속으로 꿈틀거리는 길이
씨줄날줄 죽죽 배가 불러오는 밭 한 뙈기
우기와 건기의 틈에 끼어
두더지들, 분주한 날들을 보내고 있다
오래도록 묵혀 있던 뿌리들의 권태를 샅샅이 길들이며
깊은 잠을 털어내고 있다
땅속을 바람처럼 드나드는 두더지의 농경에
해묵은 밭뙈기 흙내를 솔솔 풍기며 공기를 머금는다
낮고 후미진 밭고랑이 심호흡을 시작하자
뿌리들의 생기가 고개를 든다
묵은 사람에겐 침침한 날들의 깊이가 있듯
잊힌 사람에게도 제 몫의 등불을 밝혀온 날들이 있다
아린 속내를 다지며 살아온 사람들에게
내밀한 통로를 열고
다시 한 번 바람의 사연을 환기시키는 일
팍팍한 가슴골에 두더지 굴 같은
포근한 길 하나 내어도 좋으리라

풀들의 무덤 속
발길 끊어진 묵정의 시간을 갈아엎으며
생의 통로를 열어가고 있다

맷돌

원형의 문화 한 귀퉁이에서
간혹 발견되는 구석기
저렇게 곰보 자국 숭숭한 회색 돌덩이를
한 시대가 돌렸던가
불치의 회한을 끌어안은 여인네가
삶의 체중을 글글글글 갈아내던 것
세상의 어떤 돌이 스스로를 깨고서
맷돌의 길로 접어들려 하겠는가
나의 맷돌은 어머니였다
한 시절이 그 속에서 곱게 빻아져 내렸고
하루해가 홀쭉해질 때마다
삶의 어느 대목을 감아올리듯
땡볕을 갈아내던 어머니
지금 흑백의 뒤안길에서 퀭한 입을 벌린 채
늦은 오후를 차지하고 있는 저것이 그것은 아닐까
오래된 맷돌을 만져본다
이제야 드러나는 새색시 같은 과거들
제 몸을 조금씩 덜어내며 가벼워지기까지

얼마나 많은 노역들이 다녀갔을까
나는 해묵은 기억을 쥐고서
의료 기구를 사용하듯 맷돌을 돌려본다
지난밤부터 어처구니없이 나를 짓누르고 있는
명치끝 불청객을 천천히 갈아낸다

물레방아 휴게소

휴게소 물레방아
이제는 단순한 과거가 되어
천천히 휴게소의 모서리를 돌리고 있다
사람들은 커피를 마시고 수다를 마시며
입방아를 찧고 물레방아는 풍경을 찧는다
바퀴가 돌 때마다 페이지처럼 넘겨지는 사연들
머물다 간 풍경의 한 대목이 되살아나는 사이
추억 또한 동그랗게 말려든다
어떤 사연들이 바퀴에 감겨지면서
제 과거를 들추지 않을 것이며
제 실향의 날들을 떠올리지 않겠는가
어느 순간
사람의 길을 펼쳐 보이는 저 오래된 풍경
바퀴를 버린 물방울들은
태양의 아가미 속으로 순식간에 사라진다
낯선 대화의 배후에서 물레방아가 돈다
커피에 기대어 물의 사원을 짓고 허물던 사람들
하나둘 돌아서고

물레방아는 이제 적막을 찧는다

제 몸을 찧는다

저수지의 의자들

결빙기에는 얼음원탁을 중심으로
빙 둘러앉아 침묵이나 주고받는 것이 일이다
부엉이 소리마저 얼어붙는 밤이면
늙은 소파들은 막무가내의 혹한 때문에
터진 옆구리를 여미며 잠을 설치기가 일쑤다

얼음뚜껑으로 봉해진 저수지에
오늘은 겨울 햇살이 내려와 미끄럼을 타고 논다
어쩌다 햇살끼리 부딪치면 쨍쨍 소리를 내며
얼음판 위에서 산산조각이 난다
넘어지고 부서진 햇살들
조각난 제 몸을 추스르며 금방 일어선다
오뚝이처럼 일어선 햇살들은
손에 손을 맞잡고 다시 미끄럼을 타고 논다
반짝반짝 빛을 내며 신나게 논다
어떤 산산조각이 저처럼 빨리 봉합될 수 있을까
산산조각이 결코 생의 끝이 아님을 알고 있었던 거다

물끄러미 지켜보던 저수지의 의자들
고개를 주억거리며 등받이를 흔들거리며
저 빛나는 광경을 오래오래 음미하며 몸을 데운다

붉은 사과밭

몽유의 시간은 짧았다
시큼한 소문들을 하얗게 표백하던
꽃들을 버리고 붉은 본성을 드러내는 사과나무
태양의 분신 같은 전구알들이 주렁주렁
과수원을 밝히고 있다
저토록 뜨거워지기까지
태양의 불을 맨입으로 삼키며
푸른 날들을 익혀냈을 것이다
나의 가슴골에도
저처럼 뜨거운 태양 하나 이글거리고 있을까
불면의 밤을 동행하던
몽유의 시간들이 꽃불을 피우고 있을까
갈증이 몸을 태울 때마다
붉은 사과밭이 생각나는 건
달콤한 입맛 때문만은 아닐 것이다
주렁주렁 달려 있는 전구알들을 보며
내 안의 어둠을 몰아내고 싶었는지도 모른다
사과 한 알을 베어 물자

컴컴하던 마음 어귀가 환해진다
전깃불이 들어온 것이다

낭만자객

거대한 바람의 아가리
골짜기를 훑어먹고 들판을 뜯어먹으며 달아나는
저 광풍노도의 야성도
끝내는 부드러운 허공의 품에 잠들고 말지
체온을 내려 만물을 얼어붙게 할 때도 있지만
때로는 맨살로 부드러운 스킨십의 낭만자객이 되어주던 바람
한적한 공원에서 귀를 간질이던 그도
등뼈 부러질 때가 있다
나무를 들이받으며 우지끈 제 몸을 꺾을 때는
그에게도 생의 크레바스는 넘기 힘든 대목이었으리라

보이지 않는 잔바람에 몸을 떨 때가 있다
마음의 풍력을 조절하면
비로소 고개 드는 내 안의 기척 소리
회오리바람이 고개를 든다
흔적 남기지 않는 거대한 돌풍이 되기도 한다

한 채의 바람으로 살아가는 생

사랑이 고픈 날, 낭만자객 만나러 공원으로 간다
연애하러 간다

돋보기

돋보기를 걸치고 한낮의 창가에서
희뿌옇던 며칠간의 페이지를 더듬는다
돋보기를 쓰는 일은
일상의 시력을 벗어놓고 음지의 날들 속에 일광욕을 하는 일
햇살의 근시안 속에서
다듬어지지 않던 야광 같은 비밀의 뒷면을 찾아내는 일
사람과 사람 사이
매듭과 매듭 사이 내 정신을 흐리게 했던
오자와 오자 사이를 척척 구별해내는 일이다
가끔은 어두운 곳 더듬거리며
희미해진 몇 개의 기억을 찾아오기도 하는 돋보기
한 치 앞도 가늠할 수 없는 내 불안을 지우듯
말갛게 닦아준다
한동안 끊어져 있던 이야기들을 닦고 문지르며
아직 드러나지 않은 슬픔의 압권들을 추측해보는 것이다
돋을새김 선명한 짧은 오후에
마음의 초점을 맞춰보는 것이다

제2부

연못

고요함의 한복판
갇혀 있던 물들이 여름을 품기 시작한다
붓꽃이 고개를 비틀어
하루살이들의 짧은 생을 넘겨다보며
보랏빛 향기를 나누어주는 사이
우렁이 한 마리 천천히 작은 돌멩이 위로
연못을 끌어올리고 있다
소금쟁이는 더 이상 동그라미를 그리지 않는다

내 안의 고요 속에도 저런 연못이 있을까
숨죽인 세상 몇 품어줄 수 있는 헐렁한 품이 있을까
모든 고요는 참 독한 것이구나
선불리 움직이지 않는다
작은 생들을 반나절의 깊이로 살찌우고 있는
여름 연못은 이승의 편안한 요람 속 같다
산 하나가 걸어와 발을 담근다
파문은 없다

황태 2

보푸라기무침을 만든다
잘 마른 황태의 살을 살살 부풀려놓으니
접시 위에 꽃 한 송이 핀다

용대리의 바람은 잔인했다
줄줄이 묶여온 명태들의 몸에서
물의 씨앗 하나 남기지 않고 앗아내기까지
눈보라를 퍼부어 얼렸다 녹였다 회초리를 휘두르며
온갖 고난과 시련의 시간을 반복했다
명태는 긴 고초의 시간을 견디며 무슨 생각을 하였을까
별빛마저 얼어붙던 밤 홀연히 제 안의 불을 끄고서
소신공양이라도 하듯 제 몸을 맡겼을까
볼품없이 쪼그라든 한 줌 생을 바람이 다시 부풀릴 때는
화엄의 길이라 생각하며 받아들였을까
바람의 담금질이 끝날 즈음에야 덕장을 벗어나며
환골탈퇴의 의식을 견디고 얻은 이름, 황태
생태 동태 코다리 노가리 춘태 추태 조태 망태 북어의
속명을 벗고 황태(皇太)의 칭호를 하사받았구나

생의 꽃을 피웠구나

보푸라기무침을 담아내며
황태가 된 물고기의 생애를 다시 읽는다

민속마을

누군가의 낯선 힘에 밀렸는지
안쪽의 풍경이 두어 걸음 대청 쪽으로 물러서고
가볍게 흔들리는 저녁 한때의 어스름이
뒤늦은 여행자의 호기심에 달라붙는다
두 개의 시간
과거와 현실 속을 버티고 있는 외암리 민속마을
여전히 고집 센 헛기침들이 살고 있다
지체 높은 허구가 살고 있고
낮은 신분이 부복의 날을 엎드리고 있다
마을 한가운데,
마르지 못한 풍습들을 치렁치렁 걸치고
구부정한 시간을 보내고 있는 당산나무
이젠 숨길 금기도 드러낼 비밀도 잊은 채
수액의 질서만 몸속 깊이 다스리고 있다
넝쿨장미가 허리를 구부려
오백 년 버티던 돌담을 붉게 허물어낸다
담장 한번 넘지 못했던 여인의 핏빛 나들이
겨우 홍살문 하나 남기고 세상을 마감했을 한숨이

나직한 바람 소리로 따라붙는다
저마다의 아집을 굳게 닫아 건 해묵은 기와집들
놓지 못하는 신분의 앙금들을 안고
오백 년 무거운 법도들을 굳건히 거머쥐고 있다

천변에 들다

반달이 돌아왔다
아무 일 없었다는 듯
조용한 수면 위로 빛의 아가미를 뻐끔거리고 있다
개발과 장마에 한동안 실종되었다가
겨우 제 안의 흐름이 조용해진 물의 허리를 붙들고
반달이 헤엄을 치고 있다
내 손끝에도 조용해진 며칠 동안의 은밀함이
봉숭아 꽃물로 피어나고 있다
붉은 미아상태에 놓여 있던 통복천에
반달이 돌아왔다는 것은
바다가 깨어났다는 얘기이며
전설과 유행들이 바빠졌다는 얘기일 것이다
컴퓨터에 빠져 있을 때에도
노래방의 마이크에 휩쓸릴 때에도
잠적했던 소문들은 새로운 비늘로 퍼덕일 것이다
칠흑 같은 물의 밤을 건너고
도시의 불빛에 밀려난 변두리가 희미해진 다음에서야
돌아온 저 반달

두 손을 내밀어 신생의 반쪽을 잡아보려다
아뿔싸!
휘청거리던 두 발이 그만 개천을 찌르고 말았다

심장을 마시다

묵직한 잔에 둥둥 떠 있는 하트
잠시 마음이 흔들렸지만 조심스레 입을 대고
부표 같은 그것을 천천히

마신다

한 모금의 뜨거움에 흠칫, 입술이 물러난다
이처럼 뜨거운 사랑을 해본 적이 없어
환영처럼 떠 있는 하트 앞에서도 뒷걸음질이다
거품과 속내를 구분하지 못하고
사랑의 허구에 목을 매지도 못했으니

사랑이 사라지는 것은 한순간의 일
나의 사랑이 무너진 것도
찻잔 속의 하트가 허물어지는 것처럼
짧은 시간에 일어난 일이었으니,
허구의 심장이 뭉개진 커피는 쓰고도 쓰다
선뜻 빼준 나의 쓸개도 이런 맛이었을까

찻집 구석진 자리에서 한 잔의 카푸치노를 마시며
잃어버린 내 쓸개의 행방을 수소문한다

고라니

잎을 잃은 나무들이
군사처럼 창을 세워 산을 지키고 있었다
태양은 아직 이마도 내밀지 않았고
개울물이 방언을 지껄이며 내려오고 있었다
한적한 낙엽더미를 골라 치마를 올리다가
발밑을 솟구치는 엄청난 힘에 떠밀려
기겁하듯 나뒹굴어지고 말았다
펄쩍 뛰어오르는 짐승과 나
심장이 딱 멈추었다 다시 가동되는
찰나의 순간에 교차되는 절체절명의 눈빛과 눈빛
전신에 공포의 물결이 쏟아진다
생존의 기능마저 잠가놓은 채
낙엽을 들쓰고 꿀잠에 빠진 산짐승과 훼방꾼
서로의 놀라움에 서로가 황망하기 그지없다
부리나케 산을 벗어나면서도
단잠을 깨운 것이 미안하여 돌아보니
저만치서 녀석이 멀뚱멀뚱 쳐다보고 있다
녀석도 미안했던 것이다

비익조

아침 해도 비켜준다
서녘 하늘에 닿으려면 부지런히 가도 하루는 걸릴 텐데
주춤주춤 물러서기까지 한다
출근길의 다급한 발걸음들 잽싸게 몸을 놀려 비껴가는데
눈치 없는 오토바이는 찬바람만 확 끼얹고 달아난다
분주한 아침 길,
다리 하나를 지팡이에 맡긴 여인
여인의 한쪽 팔을 꼭 붙들고 검은 안경을 쓴 남자
만추의 나들이라도 나선 것일까
그렇게 걷고 있다
흘깃흘깃 훔쳐보던 눈치들도 두 사람의 동정을 파악했는지
조금은 너그러운 시선으로 고개를 주억거린다
둘이서 하나 되면 백두대간인들 못 넘으랴
비익조 한 쌍 도시의 아침을 뚫고 비상을 꾀하는 중이다

복권가게와 목련

복권가게 문을 밀어붙인 것은
순전히 봄볕에 몸을 열고 있는 목련 때문이다
잠깐 허공에 눈이 멈춘 사이
점점이 찍혀 있는 하얀 점자들을
잘못 더듬은 착각 때문인지도 몰라
진지한 사내들의 침침한 표정을 훔쳐보면서
빳빳한 세종대왕을 넘겨준다
—자동으로 드릴까요?
고개 끄덕일 틈도 없이
기계 속의 숫자를 기계적으로 척 뽑아주는 여자
손끝 한번 매섭다
복권을 사는 순간이 이처럼 굴욕적이고
죄짓는 느낌이라니 말도 안 돼
천기를 엿보자는 것도 아니고
그저 도깨비방망이 하나 사보겠다는데
얼굴과 등짝은 왜 이리 뜨거운가

밖으로 나오니 목련나무 가지에 달려 있던

외제차, 세계여행 항공권, 명품가방과 보석들이
훨훨 날아가고 있다
이어서 빗방울이 떨어지고 목련이 추락한다
번개가 외친다 꽝! 꽝! 꽝!

보리암 가는 길

보리암에 이르려면
남해의 금산도 잊고
만불전, 일만 개의 미소도 잊어야 한다
돌 층과 돌 층 사이
힘겹게 발을 딛고 선
잡풀들의 이름만 떠올리며
가까운 허공에 찍히는 누군가의 경계의 말들에
귀를 내주어서도 안 된다
안개들의 은밀한 속삭임에
곁을 주어서도 안 된다
보리암에 이르려면
만불전을 버리고 고행의 바다로 내려간
일만 개의 미소를 볼 수 있어야 한다
저 아래 작은 배가 가득 담은
부처님의 말씀들이
은빛으로 통통 튀는 것을 볼 수 있어야 한다

몽당 빗자루

이사 떠난 대문 앞에
툭, 돌멩이처럼 던져진 몽당 빗자루
제대로 문드러진 팔다리
구부정한 허리에 살 한 점 남아 있지 않다
잘 발라먹은 갈비 같다
더 이상 뜯어먹을 것이 없거나
쓸모가 없어진다는 것은
저처럼 냉정하게 버려지는 법이지
풋풋한 청춘의 한 시절을 뜨겁게 소진하고
손발톱이 빠져 달아나는 아린 날들을
빗물 속 담벼락에 기대어 울음 울던 생
시간의 얼룩들만 켜켜이 남아 있다
뒤도 안 돌아보고 달아나는 이삿짐차를
애처롭게 배웅하던 충복의 말로를
눈여겨보는 사람은 아무도 없다
다시 조용해진 골목에
골다공증 숭숭한 몸으로 바람을 쓸어내고 있다
마지막 소임을 다하는 중이다

맛있는 장례

다가온 임종을 감지한 듯
도미는 온몸을 한번 힘차게 출렁거렸다
이어 예리하고 민첩한 칼날에 복부가 열리고
물결무늬 선명한 살이 발려진다
신선한 무의 칠성판에
대가리와 뼈대가 형상대로 뉘어지고
분리된 살점들이 돌아오자
바닷길 가물거리던 눈동자에 생기가 돈다
가끔씩 뻐끔거리는 아가미가
아직은 살아있다는 신호를 보내고
하얀 접시 위에서 화려한 장식으로
주검은 더욱 싱싱하고 아름답게 꾸며진다
브라보!
짧은 추도사를 외치는 식객들의 입속으로
한 점 한 점 사라지는 연분홍 속살들
도미는 제 몸이 다 없어질 때까지
동그란 눈으로 그저 보고만 있다
무연한 해탈이다

드디어 뼈대와 대가리가 펄펄 끓고 있는 국물
그 뜨거운 매운탕으로 녹아들자
횟집 가득 숟가락들의 요령 소리 요란하다
회심곡도 없이

불법 침입자

휴식이 필요했을 것이다
나의 무관심을 탓하며
막 솟기 시작한 감자의 싹도
빗나간 우연쯤으로 돌려버리고
쉬고 싶다고 느끼는 순간, 느닷없는 초인종 소리
남자였다 문을 열자
문틈에 낀 전단들이 우르르 들이닥치고
사내의 뉴욕바닷가재가 비릿하게 건네진다
위치와 넓은 주차장 할인 서비스까지
덤으로 증가시키고
미식한 웃음과 함께 총총 사라진다
방비할 틈도 없이
일순간 나를 허물고 가는 거뭇한 방문
깊숙한 소파에 묻혀 있던 휴식에 뿔이 돋는다
미처 처리하지 못한 문가의 전단지를 챙기러 가자
다 식은 바비큐가 통째로 넘어지며
쿵, 발등을 찧는다
다시 현관문을 걸고 엎드려 있는 신문을 열어본다

신문지 품속에 은밀히 숨어 있던 여자
나의 휴식을 조롱하듯 신형 에어컨을 켜고서
통쾌한 웃음을 날리고 있다

환영(幻影)

봄의 환영들이 어슴푸레 깨어나고 있었다
물오른 숨소리 거칠다
그토록 나불대던 꽃샘바람을 어떻게 잠재웠는지
꽃다운 자태를 뽐내며 연지곤지 단장을 서두르고 있었다
해마다 봄의 발길들을 끌어들여
홍청망청 꽃바람을 뿌려대는 주범이 저 요염한 매화였으니,
매화 같은 환영들이었으니,
환영이란 그런 것
그것들에 홀리지 않고서야 어찌 이 세상을 건널 수 있으랴
매화 밭에 이르러
엉긴 생각들을 정리하며 기꺼이 그 대열에 끼어든다
문전성시를 이룬 봄의 입구에서
수많은 허상들을 본다
나의 허상을 본다

착근(着根)

하지도 지난 어느 날
옮겨진 볏모가 누렇게 시들어 가는데도
—이제 착근만 하면 되겠다. 올해도 풍년일 거야.
논두렁을 밟으며 흐뭇해하시던 아버지
모판을 떠나 낯선 땅속으로 뿌리내리는
식물의 몸살을 알고 있었다

아버지의 영토를 떠나
한 사내의 가슴에 뿌리를 내리면서
사람이 사람에게 심어지는 과정도 만만찮다

착근,
깊숙이 몸과 마음을 밀어 넣는 일이다
올인 하는 일이다
사람의 가슴에만 뿌리내린다는 사람의 뿌리
둘이 하나가 되어
연리지가 되어
비로소 한 뿌리를 내리는 일

마음 베인 날

꽃차가 왔다
색다른 봄이라도 하나 살까 하고
꽃장수의 진열을 기웃거린다
간택을 기다리는 봄꽃들의 화사한 표정에
일일이 눈웃음으로 화답하고
로즈메리 푸른 머리를 슬쩍 쓰다듬는다
잠깐의 손길에도 향기를 듬뿍 건네주는 여자
몇 가마니의 향낭을 지니고 왔는지
닿는 손길마다 아낌없이 발라준다
시선을 돌려
겨우 베고니아 하나를 고르고 돌아서는데
꽃샘바람의 등에 올라탄 로즈메리
시퍼런 향기의 칼로 나의 폐부를 사정없이 찌른다
낯선 검법이다
가시 돋친 마음 하나 단숨에 쓰러뜨리는
봄날의 승부수가 있다

제3부

갈등

나무 한 그루에 뒤엉킨
칡넝쿨과 등나무의 행태가 남루하기 짝이 없다
억겁의 시간에도 벗어나지 못하는 고약한 풍습들이
서로의 머리칼을 쥐어뜯으며 싸우고 있다
조금 다른 영혼 하나를 받아들이는 일이 저토록 힘든 것일까
마음 섞는 일이 저리 어려운 것이라는 것을 알기까지
치열했던 너와 나의 시간도 저러했을 것이다
몇 번의 전쟁을 반복하다 둘이 한곳을 바라보는 일
수위를 조절하며 서로의 눈동자 속에 빠져 익사할 즈음에야
문득, 깨닫는 사랑
사랑은 그렇게 더디 오는 것인지도 모른다

저 지루한 풍습이 말라붙기까지
얼마나 많은 상처들이 알레르기처럼 돋았다 사라질 것인지는
아무도 모를 일,
결국은 쌍방의 총질에 쓰러지고 마는 빤한 종전(終戰)이지만
그윽하고 깊은 서로의 심연 속에 빠져 죽는 것이
훨씬 빛나는 종전(終戰)임을 나도 겨우 알았네

가벼운 사랑

목화시배지에서 겨울을 나고 있는 꽃
바짝 마른 대궁을 붙들고
하얀 솜들이 바람을 지탱하고 있다
겨울이 깊어도 거두어가는 이 없다
돌아오지 않는 사내를 기다리며
문설주 껴안은 여인의 무명적삼 같은 꽃
꽃송이 위로 눈이 내린다
가볍고 포근한 것들끼리 스스럼없이 몸을 포갠다
서로의 무게가 짐이 되지 않을 만큼
조심조심 모닥모닥 포개고 있다
어쩌다 꽃송이 하나에 많은 눈이 들러붙으면
목화나무는 몸을 흔들어 진저리를 쳐준다
눈송인지 꽃송인지 알 수 없는
흰 것들의 포옹, 그리 쉽게 스며들지는 않는다
그렇게 한참을 부비고 있다가
바람이 길을 열면 홀연히 떠나가는 눈송이들
사랑이란 저처럼 가벼워야 되는 것
겁도 없이 너무 깊이 스며들면

그야말로 물먹은 솜 꼴이 되는 것을

나만 모르고 있었던 거다

무인 모텔

누가 저 무관의 제국 앞에
함부로 반란의 칼날을 들이댈 수 있겠는가

무일푼의 청춘들이 팔베개를 괴어주며
미래를 약속하던 곳
누구의 가난도 부끄럽지 않게 거두어주는 곳
일렁이고 출렁이는 물결 소리 정겹다
수평의 몸 앓는 소리 들으며
귀갓길의 태양도 달뜬 몸을 식히느라
붉은 눈시울을 적시며 한참이나 머물다 간다
오월의 보리밭에서
둥근 달과 하룻밤 동숙하고 싶다

아침 해를 맞이할 때까지
등짝에는 푸른 물이 들어도 좋으리!

붉은 발자국

분명 헝겊조각일 뿐이었다
산속 오솔길이 숲에 삼켜지는 곳
등반의 땀방울이 산발치 미로 속에 담길 즈음
그곳 나뭇가지에서 외로운 리본 하나를 보았다
우연의 표식이라고는 치부할 수 없는
좀 더 진지한 이유가 묶여 있는 듯한
붉고 뚜렷한 메시지,
미궁에 빠진 나무들의 이정표는 아닐 것이다
메아리들이 쉬어갈 휴식의 표식도 아니리라
벌써 도시에 굶주린 발길들
오후의 짬을 내어 푸르게 염색하고 싶었던
순간들을 접고 돌아가는 미로 속에서
등불처럼 빛나는 붉은 비명의 아름다움을 보았다
오솔길이 시력을 잃을 즈음
쓸 만한 것들은 저처럼 환하게 다가오는 것이었구나
나무의 가슴에 박혀 있는 붉은 발자국
사나운 바람이 짓밟고 가지만
온몸으로 울음 삼키며 길을 열어주고 있다

아름다운 수장(水葬)

숨죽인 물의 행렬
가끔은 휘돌아 부딪치기도 하며
지나간 시간들을 짚어가듯
낮은 곳으로 찬찬히 떠내려가고 있다
먼 곳을 향한 더딘 물길에
한 무리 청둥오리들의 동행
그중 하나가 수면 위로 오리발을 쏙 내밀고
무리들에 휩쓸려 둥둥 떠가기만 한다
죽어서야 보여주는 하얀 발바닥을
햇살이 콕콕 찔러보고 간다
죽은 동료를 물의 등에 태우고
조용하고 엄숙하게 상여를 떠메듯 흘러가는
오리들의 침묵이 능히 천근은 되겠다
물에 살다 물에 깃드는 생애
동료의 죽음을 노출시키지 않으려는 듯
곡도 삼가고 식음도 삼가고
물의 길만 따라간다
천변을 밝히던 벚나무가

만장인 듯 꽃잎을 뿌려주는 봄날
물비늘 속으로 스며드는 착한 생이 있다

나팔 소리

눈 덮인 천변에서
깡마른 억새와 한 몸이 된 나팔꽃씨
우주로부터 추방된 별 부스러기 같다
호시탐탐 귀천의 기회를 노리는지
까만 눈동자 초롱초롱 하늘 쪽으로 열려 있다
손바닥을 받쳐주자
몸을 던지는 따글따글한 알갱이들
경쾌한 소리를 품고 있다
아무한테나 들리지 않는 무성의 나팔 소리
절절한 영혼의 소리가 찌르르 전율을 타고 온다
백설이 몸을 풀어 봄물로 범람하면
빵빠레 울려 능히 산천을 깨우고도 남겠다
깊이 잠든 내 마음도 깨워줄 것 같아
두 손 모아 공손히 씨앗을 거둔다

소소한 이별

베란다 화분에서
기세등등한 흡혈귀들을 발견한 순간
정수리 머리칼들이 쭈뼛쭈뼛 곤두선다
식물의 피를 빨아먹고
푸르스름한 몸통으로 신분을 위장한 것들
화초살충제를 사정없이 분사했으나
죽었다가 살아나고 또 살아난다
두어 통을 다 뿌려도 여전히 산다
와중에 화초는 탈 없이 잘도 자라고,
살충제 뿌리는 일로 절반의 여름을 보내며
지쳐 항복한 쪽은 사람이다
아예 독한 농약을 먹여볼까 한참을 망설이다
그냥 보내주기로 한다
무량한 생존전략에 백기를 들고 만 것
화염의 시간을 견뎌낸 미물들이 경이롭기도 하여
화분을 벗기고 넓은 뜰에 옮겨 심는다
물 한 바가지를 이별주로 나눠 마시며
시원섭섭한 하루를 접는다

누드 삼국지

그녀들과 한통속에서 놀다

양자강 메콩강 로복강
저마다의 강을 버린 토속 인어들
뜨거운 열탕에서 이국의 냉기를 데우고 있다
주고받는 시선에 날카로운 촉각이 부딪친다
훈훈한 열기에 조금씩 녹아내리는 촉의 모서리
가끔은 엷은 미소가 소통을 돕지만
알몸만 한 소통이 어디있겠는가
잘 익은 몸 하나에 인생을 싣고서
불투명한 미래를 담보 삼아
타국의 사내와 둥지를 튼 아름다운 맹목이다
국적과 이념을 벗어놓고
여자의 바다를 헤쳐 가는 여전사들
까무잡잡한 얼굴에 송골송골 맺히는 땀방울을 보며
여전히 뻣뻣한 내 몸을 들이밀고
견고했던 마음을 허문다
고정관념이란 참으로 이기적인 폭력이었던 것

나의 담장을 허문다
물은 물끼리 섞여야 물이 되는 법
그녀들과 한통속에 빠져 망중한을 즐긴다

춤추는 조등

일가친척들이 달려오고
건넛마을 장삼이사까지 줄지어 왔다
이구동성으로 호상이라고만 외쳤다
영정 앞에 부복의 예를 갖추는 것도 잠시잠깐
—어이 오랜만이다. 지금은 어데 사노?
—마, 오늘은 마음 놓고 한잔하자
상갓집이 아니라 이산가족 상봉의 장소인 듯
온통 시끌벅적, 술과 음식들이 날아다닌다
상주들의 애절한 곡(哭)도 없고
슬픈 표정도 한물간 초상집
어머니의 일생이 한눈에 떠오른다
우리 엄마 잘 살았네
잔칫집 같은 분위기가 마냥 송구스러운지
첫째 언니 벌떡 일어나 일갈한다
"아니 이 사람들아, 우리 어머이 안 돌아가셨으면 당신네들 우짤라캤덩교?"
조등은 그새 바람과 눈이 맞았는지
간들간들 블루스를 추고 있다

페페로니아

몇 번이나 방향을 바꿔준
페페로니아 꽃, 다시 창 쪽으로 휘어진다
꽃의 개념을 무시한, 꽃 같지도 않은 젓가락 같은 것들이
햇살바라기를 하는 동안
해를 밀고 당기며 S라인을 만들어낸다
태양의 충실한 심복이 되어간다
그렇지
모든 생명이 다 태양 하나를 명중시키기 위해
저마다의 정신을 쏘아올리고 있지 않은가

선불리 향기를 건네지 않는
페페로니아 화분 곁에 몸을 누이고
태양 쪽으로 몸을 웅크린다
몸의 화살로 태양을 향해 시위를 당겨보는 한나절
태양이 쏜 화살 수천수만 대가 날아와 온몸에 꽂힌다
하나도 안 아픈 화살들

놋숟갈

인사동 그늘에 숨어 있는
놋숟갈 하나를 집어 든다
가장 모던한 상혼의 안쪽에 저장되어 있는
오랜 것들의 연대 속에서
푸른 녹에 쌓인 세월의 모서리
닳아 없어진 반쪽의 내력을 더듬기라도 하듯
추억의 공복을 되비추고 있다
때론 덕지덕지 낀 흑백 시절의 안쪽을 걷어내던
저것으로 지금,
무엇을 더 퍼먹을 수 있을까

시어머니의 다락방에서도 누런 놋숟갈을 본 적이 있다
문명의 폭력에 밀려나는 것들을 버리지 못하고
과거 속에 담아놓은 곰삭은 고집을 보며
부질없는 외면을 하던 때가 있었다
헐거웠던 시절을 메워주느라
턱이 닳고 입이 비뚤어진 반쪽의 고단함
이제 저것으로 떠먹을 의미는

어머니들의 과거밖에 없는 것일까
허공 한 순갈씩 폭폭 퍼서 입안으로 옮기면
그리운 것들이 돌아올 것만 같다
사라진 것들이 모두 되돌아올 것만 같다

가족모임

이제, 다섯 식구가 모이는 일은
세탁조 안에서나 가능하게 되었다
팔짱 끼고 빙글빙글 돌아가는
식구들의 춤사위가 점점 빠른 템포를 탄다
남편의 셔츠 속을 파고드는 하얀 브래지어
다 큰 딸들의 팬티를 흔들어보는
아빠의 짓궂은 장난기가 발동하고
아들의 사각팬티는 불뚝불뚝 힘자랑이다
가족모임이 진행되는 밀실의 시간
물소리도 다정하게 리듬을 탄다
끌어안았다 놓았다 사이좋게 물살을 가르는 식구들
당겨주고 밀어주며
우주선이라도 탄 듯 한바탕 신나게 놀고 있다
점점 더 바빠지는 생의 날들 속에서
두레밥상에 앉아본 기억이 아득하다
세탁조 안에서 주고받는 스킨십을 들여다보며
행복을 헤아릴 줄 아는 여자
바보처럼 즐거운 여자

이팝나무

유월이 무겁다
소복소복 고봉밥을 담아내는 꽃송이들
밥상을 받치던 나무의 팔다리가 휘청거린다
바람이 움직일 때마다 떨어지는 밥풀때기들
두 손으로 받아 보면
아버지, 농경의 날들이 울컥울컥 솟구치고
늘 부질없는 맹세를 다독이던 낮은 목소리가 들린다
가난을 물리치던 아버지의 쌀
힘 좋은 세상과 당당하게 맞서던 아버지의 쌀
그 윤기 흐르는 흰밥을 퍼먹으며
꿈을 탕진하던 밥벌레의 시절이 있었다
쏟아지는 문명의 먹거리에 빠져
정신의 뿌리를 망각하고 산 시절도 있었다
돌아볼수록 마음의 허기가 깊다
하얗게 날아가는 밥풀들을 보면서
아직도 한 마리 쌀벌레로 사는 것만 같아
신생의 부화를 꿈꾼다
뒤늦은 탈피를 서두른다

뻥이요!

통복시장 모서리를 돌아가면
고소하고 푸근한 냄새가 진동하는 그곳에
뻥튀기 가게가 있다
쉴 새 없이 돌아가는 몇 대의 압력 용기
죄 없는 알곡들이 터지고 찢어지는
연옥(煉獄)의 현장이다
검고 뜨거운 무쇠솥 안에서 죽을 만큼
담금질을 당해도 질러보지 못한 비명은
딱 한 마디, 뻥이요!
불을 끄고 문을 따주는
사내와 입을 맞추며 동시에 터져 나오는 뻥!
뻥 같은 환호성을 지른다
불의 시간을 견디고 철망 속에 뛰어드는
날개 없는 것들의 추락에서 고소함이 진동한다
속살도 보드랍다
늘 제 가슴을 담금질하며 사는
사람들의 말처럼 스며드는 맛도 좋다
땅거미가 시장 모서리를 돌아설 즈음엔

허공까지 튀겨내는 뻥튀기
어느새 석양을 튀겼는지 서쪽은 온통
불의 밭이다

잡초

짓밟히고 멍든 것들
보슬비 다녀가자 허리를 곧추세우고
부들부들 떨며 중심을 잡는 중이다
호락호락 쓰러지지 않는 근성은
저 푸른 혈맥 속에 흐르고 있는
민초의 유전자 때문일 것이다
아무 데나 잘 살지만 함부로 살지 않는다
몸을 낮추고 이웃들을 끌어안으며
대지를 지켜내는 일등공신이다
오래오래 잡초의 명성을 유지하는 비법을 세습하는
푸른 가문의 후예들
견디고 버틴다는 정신을 가훈 삼아
수없이 밟혀도 툭툭 털며 다시 일어선다
땅속에 뿌리박고 사는 것들은 다 안다
암흑 속에서 더욱 단단히 결집하며
흙을 움켜쥐는 민초들의 힘을

제4부

무정란

한 줌의 어둠도 허용하지 않는 불빛
산란에만 시달리는 힘든 생을 겨누고 있다
칸마다 빼곡히 들어찬 닭들의 불면을 쏘아보며
촘촘히 박힌 전구알들이 한낮을 위장하고 있는 양계장
끝날 줄 모르는 산란과의 전쟁은 치열하고
자연의 섭리가 발 디딜 틈도 없이
허위의 면역만으로 가득한 생의 현장
생식을 저당 잡히고 오직 알만 낳는 일은
붉은 전구들의 몫이 된 지 오래다
백 촉 불빛들이 날을 세운 닭장 안
발 한번 들여놓지 못한 검은 밤이 물러가자
미래 없는 슬픈 무정란들이 쏟아진다
뜨거운 전구알들이 쏟아진다
부화할 수 없는 무정란을 먹고
꿈을 부화시켜야 하는 사람들을 찾아
계란을 가득 실은 트럭이
털털거리며 세상 속으로 달려 나간다

인삼차

눈대중으로 찻물을 잡고
미라처럼 말라붙은 인삼 몇 뿌리에
쪼글쪼글한 대추 몇 알도 던져 넣는다
한참을 끓여도 긴장을 풀지 않는 것들
말라비틀어진 몸에 무슨 생각이 저리 꼿꼿한가
시간과 불길이 번갈아 재촉을 하자
조금씩 몸을 풀기 시작한다
웅크린 허리를 펴고 다리를 뻗으며
마른삼이 먼저 기지개를 켜고
대추는 통통한 볼에 홍조를 띄우며 색(色)을 뿜는다
삼밭에 숨어살던 새소리 돌아오고
대추나무에 걸려 있던 연줄들이 툭툭 끊어진다
생의 절정에서 육신의 물기를 거두며
제 몸에 자신을 묻어버린 것들
비로소 입을 열기 시작한다
인삼이 뱉어내는 쓴소리에
대추가 단내를 풍기며 화답을 한다
무릇 잘 마른 것들은

생전에 할 말 다하지 않으며 침묵의 힘을 아는 것
한 번의 탈속으로
또 한 번의 세상을 향해 토해내는 전언마저
허약한 심신에 보약이 되는가
삶의 고해를 건널 때마다 끓여보는 인삼차
인삼차를 끓인다

그리움의 처소

그리움 하나가 새벽을 켠다
창문을 여니
가로수에 머물던 잔바람도 돌아서고
뭇별을 조율하던 밤하늘이 손을 놓는다
근린공원을 지키던 나무들
품안의 새떼들을 깨워 이른 합창을 서두른다
나무는 새들의 집이자 어미
똥을 받아내고 기저귀를 갈아주며 간식을 만든다
새들은 나무의 팔다리에 매달려
간밤의 깨알 같은 꿈들을 단음으로 토해낸다
지상으로 떨어지는 음표들
일찍 나온 강아지가 날름날름 주워 먹는다
태양의 숨소리가 가팔라지고
허공이 서둘러 길을 열어준다
나무와 새 강아지조차 거들떠보지 않는
천덕꾸러기 같은 그리움 하나를
도로 집어넣으며 창문을 닫는다
가슴에서 태어나

가슴속에 묻히는 그리움은 내성적이다
버릴 곳도 없다

고향집

소금버캐는 장독 위에서
땡볕을 받아먹고 흑수정으로 다시 태어났다
웅숭깊은 대숲이 까투리를 날리면
함박꽃은 목젖을 드러내며 함박웃음을 날렸다
담장 곁에서 스스로 몸을 열어
제 안의 홍보석을 자랑하던 석류
큰 것 하나 훔쳐
뒷산으로 줄달음치면 하늘도 눈감아주었다
붉은 피 감도는 석류의 심장을 파먹으며
무언가를 기다리던 성장기
큰 바위에 올라 바람에게 몸을 맡기면
행간마다 잠자던 오감들이 깨어나고
형용할 수 없는 전율이 나를 덮치곤 했다
싹을 틔우기 시작한 시의 징조였을까
시가 잉태되고 영혼의 날개를 갈아입던 곳
시간의 자객도 비껴가는 그곳에
저녁밥 뜸들이며 자식들을 부르던 어머니
영원히 살아계신 어머니

지금도 박꽃 같은 미소를 머금고 우뚝 서 계신다
고향집을 지키고 계신다

풀의 노래

연둣빛 혀를 날름거리며
새벽 연우를 달게 삼키는 것은
제 몸에 초록 잉크를 채우는 오랜 유전관습이라네
부드럽지만 강한 풀들의 펜촉은 예리하기 그지없어
세상을 필사하기에 부족함이 없다네

방울방울 맺히는 감로수
저 말간 물방울로 부리를 적신 새들이여
이별과 절망을 함부로 노래하지 말 것이며
불멸의 색깔을 기억해야 하리
죽어 땅으로 내려오면 초록의 종족으로 다시 태어나리니

풀들의 상처에서는
묵묵히 자연을 받아쓰던 어머니들의 냄새가 난다
절멸을 모르는 모성의 신화가 있다
아침마다 펜촉을 갈아 끼워 새 희망을 쓰고
내일을 길어 올려
창조의 신화를 쓰는 것들

고단한 눈을 감으며 긴 잠에 빠지더라도
인간의 능력으로는 표방할 수 없는 대목도 많으니
모든 생의 길잡이로 으뜸자리에 오르다

요양원(療養院) 또는 요양장(療養葬)

죽음을 길들이는
이승과 저승의 공동경비구역
살아서는 집으로 돌아가기 어려운 사람들이
유기된 생명선을 따라
한 장의 소지 같은 몸을 의지하고 있다
마지막 호흡이 멈출 때까지
하루하루를 죽음과 화해를 해야 한다
생존의 욕망이 주는 저항력으로
언제 검은 바람이 들이닥칠지도 모르는
불안을 달래가며
굽이굽이 에돌아 온 등고선의 겨울은 춥고 길다
한 계절이 한 계절에 떠밀릴 때마다
천 길 낭떠러지로 마음을 굴렸을 사람들
추억이라는 잔인한 아픔을 이겨내며
가혹한 그리움조차 생으로 받아들인다
찬란한 생의 한 대목은 누구에게나 있는 법
오래오래 그 빛을 쬐고 우려먹던 자식들은
마지막 간이역을 마련해주고

간혹, 효의 행방을 물어올 때도 있지만
인연의 끈 하나씩 잘라내는 고통은 모를 것이다
영원을 찾아 가는 길목에서
그 누구도 비껴갈 수 없는 우리들의 현주소
너와 나의 자화상

꽃의 이름으로

게릴라전을 방불케 하는 삼월의 폭설
느닷없이 밀어닥친 폭력적인 힘은 순식간에
산이며 강 나무와 교회의 첨탑까지
막무가내로 점령하고 만다
나무들은 졸지에
새하얀 무리들을 껴안고 부르르 몸을 떤다
한 아름 눈꽃을 받아 안고
휘어질 듯 간신히 버티는 가지 위에서
불꽃처럼 타올랐다 슬그머니 사라지는 꽃
꽃으로 대접받는 순간만이 그의 생애다
짧고 화려한 생애다
세상 어디에나 피울 수 있는 꽃
세상 어디에도 뿌리내리지 못하는 꽃
뿌리내리지 않아도 열매 맺지 않아도
꽃의 반열에 올라 영광스러운 최후를 누린다
두 팔을 벌려 한 아름 안아본다
뜨겁다
하늘의 준엄한 말씀들이

몸의 구석구석까지 오지게 스며든다
으스스 떨린다

피자를 먹는 저녁

피자를 주문했으나
연속극이 다 끝나도록 오지 않아
독촉전화를 하려는 순간
심상찮은 배달부의 표정이 들어선다
얼룩진 얼굴을 가리며 빨간 가방을 여는데
반듯해야 할 피자는 찌그러지고
샐러드는 엎질러져 엉망이다
첫 배달인데 오토바이가 쓰러졌단다
울먹이는 소년을 대책 없이 바라보다
그냥 먹어주기로 했다
배달 첫날부터 험한 세상을 화끈하게
뒤집어보았으니 액땜 한번 잘했다
오토바이를 걷어차던 냉정한 아스팔트도
구경만 하던 가로수도 원망하지 말고
묵묵히 달려가라 위로했다
자신마저 확 뒤집어엎어버리는 일
살다 보면 어디 한두 번이던가
소년은 허리 굽혀 돌아가고

찌그러진 피자와 샐러드의 퍼즐을 맞추며
식구들과 다디단 저녁을 먹는다

모정의 강물

아마존의 숲을 켜놓고
아기에게 맘마를 떠먹이는 젊은 엄마
하얀 생선살을 받아먹는 아기를 바라보는
엄마의 눈에 그윽한 모정의 강물이 범람하고 있다
화면 가득 끝없이 펼쳐지는 숲에는
먹이사슬들이 숙명처럼 얽혀 있다
공중에서 호시탐탐 기회를 엿보던 맹금 한 마리
뱀이 놓쳐버린 쥐를
빛의 속도로 하강하여 단숨에 낚아채 간다
카메라의 초점을 이끌고 유유히 안착한 맹금의 둥지
뽀송뽀송 깃털을 세우고 노란 부리를 찍찍거리는
예쁜 새끼들이 있다
한 발로 사냥감을 누르고 붉은 살점을 찢어
노란 부리 속으로 쏙쏙 집어넣는
독수리의 눈에도 그윽한 물결이 넘실거린다
엄마는 아기가 먹다 남긴 찌꺼기를 먹고
독수리는 뼈다귀를 쪼는 저녁
저 숭고한 사랑에 경배

주인의식

십수 년을 함께 사는 고양이
거실과 안방을 어슬렁거리며 체취를 남기고
둘러보는 꼴이 영락없는 주인행세다
사람과의 동거에서
저도 사람인 줄 아는 게 분명해
제 영역을 관장하는 족장 같기도 하다
식구들을 서열별로 챙기며
낯선 방문객은 으름장으로 다스리고
시간 맞춰 공양을 올려라
베란다 문은 꼭 열어두라 야옹거린다
일광욕을 즐기며 조는 듯 게슴츠레한 눈으로
나의 일거수일투족을 은밀히 감지하는데
이유 모를 안정감에 졸음이 쏟아진다
빈둥거리던 창밖의 바람마저 오수에 빠지고
집안은 쥐죽은 듯 고요한데
고양이가 내 심장을 할퀴던 외로움을 꺼내
갸르릉갸르릉 먹어치운다
피 한 방울 흘리지 않고

감자꽃

유월의 질박한 햇살 아래 올해도 감자꽃이 피었다
감자떡의 쫄깃한 기억들이 피어나고
그 시절엔 연유를 알 수 없었던
어머니의 낯선 행색이 피어난다
긴 밭고랑을 오가며 단정한 꽃송이를 뎅강뎅강,
어머니의 매정한 손길을
어린 나는 몹시 못마땅해 했다
흔한 풀꽃 하나도 함부로 꺾지 않던 내 어머니
우리 집 감자밭은 꽃들이 남아 있지 않았다
가끔 떨어진 꽃을 들고 투정을 부리면
—얘야, 꽃이 무성하면 씨알이 굵어지지 않는단다
그러한 사이
유월이 흐르고 장마가 고여 들었고
내 유년의 아쉬움은
어디론가 어디론가 바람에 섞이곤 했으리라
수확기가 오고 땅 밑 열매들의 충실함을 확인하고서야
의문은 풀리곤 했지만,

유월의 감자밭을 지날 때면 어머니의 감자꽃이 생각난다
열매가 될 수 없어 보이는 꽃은 모두가 환영들인가
땅속 깊은 곳에서 피었다 지는
그 꽃들의 깊이를 알기까지
내 어린 시절의 가슴 어귀엔
흰 꽃 자주 꽃이 번갈아 피었다 지곤 했다

금화가 쏟아지는 거리

은행나무가 허리에 차고 있던
금화 전대를 풀어
가을을 사고 거리를 사들이는 중이다
길고 긴 태양의 손가락마다
누런 금가락지도 하나씩 끼워준다
조촐한 텃밭을 담아놓고
무료함을 팔러 나왔다는 할머니
사람들을 쬐며 쪼글쪼글한 미소를 날린다
외로운 사람에게는 사람이 약이다
소쿠리에는 팔랑팔랑 날아드는 금화와
툭툭 떨어지는 황금알이 재산처럼 불어난다
처녀들은 자분자분한 걸음으로
황금 카펫을 밟으며 가을을 노래하고
아저씨 아주머니들은 황금알 줍기에 바쁘다
모두 다 부자가 되는 거리에서
마음이 가난한 나를 어떻게 알아보았는지
하늘이 금빛 화관을 씌워준다
잘 살아야겠다

애호박

바람이 선들선들해지면
호박넝쿨은 늦둥이를 들쳐 업는다
찬바람에 맺히는 애호박은 맛도 달아서
갈치조림에는 그저 그만이다
아이 셋을 달고 친정에 들린 날
엄마는 갈치를 다듬으셨다
—애호박 두어 개 있어야겠구나
텃밭으로 달려간 나는
야들야들하고 예쁜, 조막만 한 것들을 골라 땄다
살짝 긁혀도 눈물부터 흘리는 애호박
맺히는 진주알은 햇살 금사가 꿰어 차곤 했다

"너무 어리잖아, 좀 더 키워먹어야 하는 건데, 쯧쯧……
그라고, 자식 키우는 사람이 여린 싹이나 맺힌 모가지
함부로 꺾으면 안 되는 기라"
그리움의 등불을 켜고서
엄마의 어록(語錄) 한 줄 반추해보는데
늠름한 호박 세 덩이 넝쿨째 들어선다

아버지의 영토

안방을 지켜주는 열 폭짜리 병풍
글자들이 모여 금강경(金剛經)을 이루고 있다
한 점 한 점 아버지의 붓끝을 돌아 나온 문장들
다소곳이 먹물을 받아먹던 백색 화선지는
아버지의 또 다른 영토였다
글자를 경작하는 것이 피할 수 없는 전생의 업(業)이라 했다
어쩌다 붓을 놓으면 꿈속까지 찾아와
붓을 쥐어주는 백발노인, 무언의 당부에
게으름을 피울 수도 없다 했다

마음이 어지러울 때마다 펼쳐보는 금강경
시시때때로 고개 드는 내 안의 광풍을 다독거려준다
그 속에는 세상의 격랑을 잠재울 말씀들이
금빛 햇살로 살아있다
아버지 생존의 모습처럼 살아있다
천천히 먹을 갈던 긴 손가락
위엄 어린 반듯한 이마엔 푸른 실핏줄
흙을 경작하고 지필묵을 경작하던

유학자(儒學者) 아버지, 그렇게 살아있다

세상 모든 부모들은 죽지도 않고 사라지지도 않는 법

아버지로부터 물려받은 열 폭의 유산
정신이 갈지자로 흐느적거릴 때마다 병풍을 펼쳐놓고
바른 길을 찾는다

수면내시경

명치끝의 통증을 못 이겨 병원에 몸을 맡겼다
온갖 불안한 상상을 억누르며
내부의 조직검사를 살펴보는 시간
의사는 붉고 환한 내 안의 동굴을 살펴보며
—별거 아니고요, 가벼운 위염입니다

내 속을 나도 몰라 애태우고 사는데
첨단의 의료기술도 별것 아니라는 생각이다
얼마만큼 거대한 정신의 고통을 삼켰는지
그리움에 목이 메여 울컥거리며 삼킨 원망이 얼마인지
찬물을 들이키며 넘기던 각오와 다짐이 얼마인지
커다란 울음과 환희를 먹고 싹튼 시(詩)가
얼마만큼 자라고 있는지
나를 재워놓고
내 속을 샅샅이 뒤지던 내시경도 찾아내지 못한다

마음이 빚어내던 것들
다 어디로 사라진 것일까

해설

일상의 사물, 사물의 일상

오민석 시인·문학평론가

I.

배두순의 시집을 다 읽고 책장을 덮으니 김환기 화백의 그림 「어디서 무엇이 되어 다시 만나랴」가 떠오른다. 김환기는 김광섭 시인의 「저녁에」를 읽고 이것을 그렸는데, 이 시에는 "저렇게 많은 중에서/별 하나가 나를 내려다본다/이렇게 많은 사람 중에서/그 별 하나를 쳐다본다"는 대목이 나온다. 김환기의 커다란 캔버스(205×172)에는 셀 수 없이 많은 점들이 찍혀 있는데 이 모든 점들은 하나같이 다른 모양을 한 채 서로 연결되어 있다. 이것들은 무변광대한 우주에서 우연히 만난 '나와 너', '나와 별들'의 끝없는 이야기에 다름 아니다. 생각해보면 이 모든 만남은 얼마나 어마어마한 인연의 소산인가.

배두순의 시들은 거의 예외 없이 그가 만난 무수한 사물들에 대한 이야기이고, 시의 제목들은 대부분 그 사물들의 목록이다. 시인은 매번 그가 만난 사물들에 자신의 내밀한 서사들을 투여하는데, 이 모든 서사들은 무엇보다 '일상'의 서사들이다. 일상성에 대한 독특한 성찰로 유명한 앙리 르페브르(H. Lefebvre)는 일상성에 세계의 비밀이 숨어 있으며, 일상성을 설명하지 않고 세계를 설명할 수 없다고 주장했다. 그는 일상생활(everyday life)을 "환상과 진리, 힘(power)과 무력(無力)함, 인간이 통어할 수 있는 영역과 그렇지 못한 영역이 교차되는 곳"이라 정의하였다. 사실 일상적 삶의 공간이야말로 '모든 일'이 일어나는 곳이고 몸과 영혼, 개인과 사회, 이성과 욕망의 다양한 리듬들이 생성·충돌·소멸하는 곳이다. 배두순은 겉으로 보기에 특별할 것 없을 것 같은 일상의 사물들을 함부로 버리지 않는다는 점에서, 일상성의 깊은 비밀을 잘 알고 있는 시인이다. 세계는 일상성에서 시작되고, 생성되며, 일상성에서 소멸된다. 거기에 생과 죽음이 있고 절망과 환희가 있으며, 비애와 보람이 있다. 그는 일상의 사물 속으로 들어가 너무나 친숙해서 잊힌 비밀들을 끌어내고 재구성한다. 그는 습관화(habitualization)로 죽은 사물들을 흔들고 깨운다. 그는 죽은 사물의 혈관에 다시 의미의 피를 돌게 한다.

> 하사받은 칼로 신의 검법까지 전수받았으나
> 칼의 노래만 불렀을 뿐
> 무엇 하나 베지 않는
> 저 착하고 순한 새들에게
> 칼을 내려준 하늘의 속셈을 알 수가 없다

—「억새」 부분

누가 들판의 흔한 잡초인 "억새"를 "칼의 노래만 불렀을 뿐/무엇 하나 베지 않는 저 착하고 순한 새들"이라고 부를까. 누가 억새에게 "칼을 내려준 하늘의 속셈"을 따질까. 시인의 '부름', 즉 명명(naming)에 의해 억새는 상투성을 버리고 전혀 다른 의미소를 갖게 된다. 죽은 사물을 이렇게 생성의 영역으로 호출한 후, 시인은 바로 이어 다음과 같이 일상의 서사를 풀어 넣는다.

> 산다는 것은 울음과 웃음의 교차로를 건너는 일
> 어떤 날은 흐느끼며
> 어떤 날은 노래하며

죽은 사물을 살려낸 시공간(chronotope)에 일상의 서사가 투여될 때, 일상성에도 일정한 변화가 일어난다. 일상성은 그 자체 동일성의 반복이고 그것 때문에 지각 너머의 죽은 세계이지만, 새로이 태어난 사물의 크로노토프 안에 들어올 때 "죽은 땅에서 라일락꽃을 피우고, 추억과 욕망을 뒤섞으며, 봄비로 생기 없는 뿌리를 깨운다."(엘리엇 T. S. Eliot 「황무지」)

Ⅱ.

일상의 사물을 탈(脫)일상화함으로써 시인이 도달하고자 하는 것은 "세상의 주름진 내막"(「호두」)이다. 그는 능청스럽게 사물의 일상성을 해체하고 그 자리에 자신의 이야기를 풀어놓는데, 그것은 일상적 서사들의 단순한 나열이 아니다. 이 과정을 통해 그는 일상의 궁극과 기원, 그리고 마지막 내막을 알고자 한다.

내 안에 엉켜 있던 실타래를 뽑아내기까지
나는 몇 번이나 하늘을 우러러 보았던가
몇 번이나 바람을 불러보았던가
세상의 모든 바람이 명치끝을 통과하지 않고서는
온전한 세월이 될 수 없는 법
종일 길들지 않은 바람을 캐낸다
노을이 물드는 황혼이 아궁이 속의 이야기처럼
따스해질 무렵에서야 연을 내린다

—「연을 올리다」 부분

그는 치열성, 즉 "명치끝"을 통과하지 않고 세계가 이해 불가능하다는 사실을 잘 알고 있으며, 그가 궁극적으로 찾고자 하는 것은 "엉켜 있던 실타래"를 다 뽑은 후의 "아궁이 속의 이야기"이다. 그리고 이 궁극의 이야기는 마치 미네르바의 부엉이처럼 황혼녘에야 도달할 수 있는 것이다. 그것은 쉽게 찾아지는 것이 아니며 "한 겹 두 겹 생의 껍질"(「족발과 하이힐」)을 벗긴 후에 "내밀한 통로"(「두더지」)를 거쳐 "고뇌의 안쪽"(「어느 석공의 길」)에 도달해야 비로소 보이는 것이다. "나의 맷돌은 어머니였다"(「맷돌」)와 같은 표현은 그 '안쪽'이 긴 역사를 가지고 있다는 사실을 알려주며, "내 안의 어둠"(「붉은 사과밭」), "내 안의 기척 소리/회오리바람"(「낭만자객」) 같은 표현은 그 궁극의 크로노토프가 어둡고도 불안한 무의식·욕망의 세계이기도 함을 보여준다.

어찌됐든 그가 일상의 사물들을 통해 도달하고자 하는 것은 겉으로 잘 보이지 않는 "비밀의 뒷면"(「돋보기」)인데, 재미있는 것은 그가 이 '뒷면'에 관념어가 아니라 사물어(事物語)를 통해 도달한다는 것이다. 그는 거의 단 한 번도 예외 없이 '사물'을 투과하여 '이데아'를 찾는다. 플라톤은 시인들이 이데아의 그림자인 사물을 모방하는 데 그치며, 그리하여 "분별없는 사람들"이라고 비난했지만, 배두순은 사물을 묘사하는 데 그치지 않고 그것의 배후에 있는 '현존(現存 presence)'을 찾으므로 플라톤의 혐의에서 자유롭다. 그에게 있어서 사물들은 또한 엘리엇적 의미의 "객관상관물(objective correlative)"도 아니다. 엘리엇에게 있어서 객관상관물이 관념·정서의 공식(formula) 그리고 상징으로서의 '보조관념(vehicle)'이라면, 배두순에게 있어서 사물들은 상징이 아니라 현존에 이르는 '통로'이다. 그것은 단순한 비유의 수단들이 아니라, 그 자체 경험적 과정이다. 그는 스스로 사물 안으로 들어가 그것을 몸소 겪고 통과하며 변형·재구성한다. 이런 과정을 통해 사물들은 상징이 아니라 그 자체 하나의 세계가 된다. 말하자면 그것들은 잊힌(죽은) 일상들을 복원해내는 작은 우주(microcosm)들이 되는 것이다. 이렇게 하여 그는 수많은 소우주들을 소환해내는데, 이 소우주들은 다양한 연결고리들을 통해 대우주(macrocosm)를 형성하고, 마침내 사물들의 배후에 있는 현존의 원리들을 조명한다.

Ⅲ.

후설(E. Husserl) 현상학의 패러다임을 빌어 설명하자면 배두순에게 있어서 일상의 사물들을 '질료'들에 해당된다. 그것들은 그 자체로는 아무런 의미가 없는, 감각과 사유의 '조건'들에 불과하다. 배두순이 이것들 안으로 들어가 의미들을 형성할 때, 이 행위는 '작용'으로서의 노에시스(noesis)가 된다. 노에시스에 의하며 사물들은 비로소 '세계'를 형성하기 시작하고, 이 과정을 거쳐 시인의 '의식'은 궁극적인 '대상'을 '향'하게 되는데, 그것이야말로 의식의 마지막 접점인 노에마(noema)인 것이다. 이렇게 질료-노에시스-노에마의 궤도를 거치면서 사물-관념, 물질-이데아는 분리불가능한 관계 속으로 들어가며, 사물들은 의미로 충만해진다.

그러나 배두순의 의식 '작용' 즉 노에시스의 길은 간단하지 않다. 사물들은 언제나 어느 방향으로든 해석될 수 있고, 아무 때나 어떤 사건으로든 전화(轉化)될 수 있기 때문이다. 그것들을 잘 만들어진 대우주로 끌고 가는 것은 오로지 시인의 '의식'일 뿐이며, 이 의식이 잘못되었을 경우 궁극적인 대상으로서의 노에마는 형성되지 않는다. 그의 시들은 바로 노에마로 가는 다양한 도전과 실험들이고 경험 작용들이다.

환영이란 그런 것
그것들에 홀리지 않고서야 어찌 이 세상을 건널 수 있으랴

—「환영(幻影)」 부분

가시 돋친 마음 하나 단숨에 쓰러트리는
봄날의 승부수가 있다

—「마음 베인 날」 부분

그윽하고 깊은 서로의 심연 속에 빠져 죽는 것이
훨씬 빛나는 종전(終戰)임을 나도 겨우 알았네

—「갈등」 부분

바람이 길을 열면 홀연히 떠나가는 눈송이들
사랑이란 저처럼 가벼워야 되는 것

—「가벼운 사랑」 부분

전문(全文) 인용이 아니라 보이지 않지만 위에 인용된 시들은 순서대로 매화, 로즈메리, 칡넝쿨과 등나무, 그리고 목화나무라는 질료들에 대한 '의식의 개입'을 통해 만들어진 것들이다. 앞에서도 언급했지만 그의 시들 중에서 이와 같은 질료를 경유하지 않은, 이와 같은 일상의 사물들을 투과하지 않고 만들어진 시들은 거의 없다. 위에 인용된 시들에서 알 수 있듯이 그의 노에시스는 매우 다양한 통로들을 경유한다. 노에마에 도달하기 위해서 우리

는 때로 "환영"을 경유해야 하기도 하고, 순간의 성찰("단숨에 쓰러트리는/봄날의 승부수")에 의존해야 할 때도 있으며, 대상과 온전히 하나가 되든가("서로의 심연 속에 빠져 죽는 것"), 아니면 대상에 대한 집착을 가볍게 버려야 할 때("저처럼 가벼워야 되는 것")도 있다. 배두순의 시들은 이렇게 사물들의 세계로 들어가 그것들을 경험하며 재구성하는 다양한 작용의 기록이며, 이 과정을 통해 현존에 도달하려는 무수한 길들의 집합이다.

Ⅳ.

바퀴가 돌 때마다 페이지처럼 넘겨지는 사연들
머물다 간 풍경의 한 대목이 되살아나는 사이

—「물레방아 휴게소」 부분

앞에서 살펴보았듯이 배두순의 시들은 의식의 "바퀴가 돌 때마다 페이지처럼 넘겨지는 사연들"의 기록이고, 이 기록들은 일상의 사물들 안에서 발견된다. 그리하여 배두순의 시집은 수록된 시의 숫자만큼이나 다양한 사물들이 각기 제 목소리를 내는 화음(和音)의 공간이라고 할 수 있다. 그러나 이 다성성(多聲性 polyphony)은 계속해서 어떤 중심을 찾고 있다. 각각의 시들은 기본적으로는 다양성에 토대하고 있지만, 현존에 대한 다양한 질문이라는 점에서는 같은 궤도에 있는 것들이다. 그러나 현존은 언제나 그런 것처럼 규정되지 않기 때문에 현존인 것이다. 그는 사물의 안쪽, 기억의 끝, 사건의 기원을 탐구하지만, 그것은 궁극적인 의미에서 찾아지지 않는 것들이다. 그는 "아무한테나 들리지 않는 무성의 나팔 소리"(「나팔 소리」)를 듣고자 "몸의 화살로 태양을 향해 시위를 당겨"(「페페로니아」)보지만, 현존은 영원히 규정되지 않는 카오스로 남는다. 현존과의 궁극적 대결에서 우리가 항상 직면하는 것은 죽음이다. 죽음은 상징계에서 현존으로 넘어가는 자에게 주어지는 상처이며, 우리는 추락한 이카로스의 날개에서 현존의 흔적을 볼 수 있을 뿐이다. "죽어서야 보여주는 하얀 발바닥"(「아름다운 수장(水葬)」)이라는 표현은 그가 현존에 가까이 가서 만난 현존의 창백한 이미지인 것이다.

그리하여 궁극적으로 남는 것은 카오스인데, 카오스와의 직면 상태에서도 그는 계속해서 현존을 꿈꾼다. 가령 "절멸을 모르는 모성의 신화"(「풀의 노래」), "오랜 것들의 연대"(「놋숟갈」), "정신의 뿌리"(「이팝나무」) 같은 언표들은 그가 불멸의 현존을 꿈꾸고 있다는 것을 잘 보여준다. 중요한 것은 "절멸을 모르는 모성"도 사실은 "신화"에 불과하다는 것이다. 현존은 가차 없이 그것을 "미래 없는 슬픈 무정란"(「무정란」)으로 만든다. 이것이 현존의 특징이며 본질인 것이다. 이 현존의 폭력 앞에서 세계는 근본적으로 카오스일 수밖에 없다. 따라서 그가 수많은 일상의 사물들을 통해 생성하는 서사들은 현존의 폭력, 즉 카오스와의 싸움의 기록으로 볼 수 있다. 이런 의미에서 블랑쇼(M. Blanchot)가 『카오스의 글쓰기』에서 말한 것처럼, "카오스는 선물"이며, 역설적이게도 "어둠의 카오스가 빛을 가져온다." 카오스가 없다면 현존도 없을 것이다. 현존은 모든 것들을 카오스의 경계로 밀어내며, 언어는 카오스의 어둠 속에서 현존의 빛을 찾는다.

일상의 사물들 안에서 생성된 개체로서의 소우주들은 그 자체는 결핍이며, 그리하여 부재하는 종점을 향하여 다른 소우주들과 관계를 맺는다. 이 관계의, 관계의 관계가 세계이다. 완성된 세계는 현존의 위엄으로 존재하나, 그 안에서 단일한 문법을 찾아내기란 불가능하다. 그리하여 우리는 늘 현존의 문턱에서 쫓겨나는 것이다.

> 나는 아직 세상의 주름진 내막을 익히지 못한 채
> 진땀을 흘리며 호두알이나 굴리고 있다
>
> —「호두」 부분

현존은 단 한순간도 그 "내막"을 노출하지 않는다. 그것은 수많은 주름들로 이루어져 있으며, 그 주름들은 생성의 다양한 리듬들이다. 거기에 종점은 없다. 시는, 언어는, 그것들을 포착하려는 "진땀"의 기표들이다. 우리는 배두순의 『반달이 돌아왔다』에서 이 진땀의 다양한 풍경들을 만난다. 그것들은 탈(脫)일상의 번개들이면서 동시에 습관화의 운명과 싸우는 외로운 전쟁의 그림들이다.

이 도서의 국립중앙도서관 출판시도서목록(CIP)은 서지정보유통지원시스템 홈페이지(http://seoji.nl.go.kr)와 국가자료공동목록시스템(http://www.nl.go.kr/kolisnet)에서 이용하실 수 있습니다.(CIP제어번호: CIP2017000329)

문학의전당 시인선 244

반달이 돌아왔다

초판 1쇄 발행 2017년 1월 12일
초판 2쇄 발행 2017년 8월 1일
지은이 배두순
펴낸이 고영
책임편집 류미야
디자인 헤이존
펴낸곳 문학의전당
출판등록 제311－2012－000043호
주소 서울시 마포구 마포대로 11길 91, 3층
전화 02－852－1977 팩스 02－852－1978
전자우편 sbpoem@naver.com

ISBN 979-11-5896-300-2 03810

* 이 시집은 2016년 평택문인협회 보조금 일부를 지원받아 제작되었습니다.
* 이 시집은 〈2017 세종도서 문학나눔〉 도서에 선정되었습니다.